JN437581

그대와 그대와 그대를

남편이자 아버지 김형혜,
큰 딸 김여진,
둘째 딸 김채진,
막내 아들 김건규가

시인 노영애에게
이 책을 바칩니다.

그대와

그대와

그대를。

노영애 作

새로운사람들

머릿말

우린 왜 더 일찍 서로를 바라보지 못했을까요
우린 왜 더 많이 서로를 알아가지 못했을까요
우린 왜 더 많은 따뜻한 말들을 나누지 못했을까요

서로를 사랑하는 일에 서툴렀던 시간들이
이제는
아쉬움과 후회로 남았네요

꽃이 필 때만이라도
나뭇잎 떨어지는 그 순간만이라도
하얗게 내리는 눈발이 새벽을 깨우던
짧은 순간만이라도

그대와 그대와 그대의
손을 잡을 수 있었다면

잡은 그 손이 따뜻하다 고백할 수 있었다면
우린 더 사랑할 수 있었을 것을

지는 해를 따라 낮달이 붉어지고 있습니다
비워져 가는 하루는
내일이 있어 기꺼이 밤에 이르고
달은 내일에 이르는 안내자가 됩니다

시간이 없군요
깊은 공명 없이 그대를 떠나보내는 달이
눈물을 머금었습니다

더 사랑해야 했습니다
더 오래 바라보아야 했습니다
더 따뜻한 말 한마디
그대 가슴에 묻어두어야 했습니다

그대와 그대와 그대를
아주 오래도록 사랑할 것이라고
-엄마가 남긴 마지막 시

엄마는 참 글을 좋아했다. 지금 남은 건 엄마에 대한 추억과 글뿐이지만, 마음속 저장된 기억은 사라지기도 하고 곱씹어 보기도 어렵다. 떠나기 3년 전부터 엄마는 SNS를 했다. 엄마가 남긴 마음이 담긴 시와 일상을 담은 글을 책으로 묶어 다시금 기억하려고 한다. 우리는 왜 더 일찍 바라보지 못했을까. 지금 생각해보면 투병하는 엄마는 항상 혼자였다. 엄마에게는 항상 주님이 함께 했지만 떠나기 전, 우리는 몰랐던 홀로된 그녀만의 생각을 다시 한번 마음에 새기며 책을 엮는다.

-2018년 5월, 당신이 그리운 아침에

소개

노영애 盧英愛

1966 출생
1980 문학소녀
1987 극단작가
1992 아내
1993 엄마
2008 환자
2014 시인
2017 천사

차례

*차례는 출판된 주요 시만 수록함.

...

익숙함의 미련스럼이 아닌
깊숙한 처연함으로
프르스트로 달리는 나의 시간위에
영혼을 얹어 보려 한다.

...

43

ㅇ

내려놓음

바깥바람이 그리워 문을 활짝 열었다.
빗물 담긴 바람이 기분 좋게 와닿는다.
아무렇지 않게 스쳤던 많은 것들에
감사한다

존재한다는 것만으로
충분하고,
감사한 것을…

욕심은 빼거나 나누기가 되지 않고
늘 더하고 곱해져서
존재 본래의 가치와 의미를
들여다보기 힘들게 한다…

잃을 게 많아져야
감사할 게 많아지는 것은
아직도
비우지 못한 내 욕심 그릇을
내려놓지 못해서일 것이다.

2014.9.16

ㅇ

2014

인생은 '겸손에 대한 오랜 수업'이라고
어디선가 읽은 기억이 납니다.
나를 내려놓고 하나님 앞에서
사람 앞에서 또한 나의 처한 현실 앞에서
낮아지고 겸손해지려 합니다.

쉽지는 않을 것입니다.

그러나,
'왜'라는 질문보다는 '감사'의 제목을 찾고
겸손한 마음으로 하루하루를 채워야겠습니다.

그러면 어느 순간
분노와 억울함, 슬픔으로 가득 찼던 영혼 속으로
거짓말 같은 평온이 오겠지요.
그 평안은 궁극의 겸손과 닿아 있습니다.
낮아지고 겸손할 때
내 마음이 평안해짐을 알기에
'기도'로 나아가겠습니다.

오직
그 길 만이 생명으로 가는 길임을 고백합니다.

2014.9.25

비오는 아침 기억의 잔상들

쇼팽의 빗방울 전주곡이 생각나는 아침이다. 창밖엔 오래된 플라타너스 나무가 무거운 듯 잎을 떨궈내고 있고, 달리는 차들의 소음도 빗소리에 감겨 빗소리가 먼저다. 비 오는 날은 세상의 소음들도 잠시 소강된다. 그래서 비 오는 날이 좋다.

비 오는 날이면 가끔 아이들에게 '빗방울 전주곡'을 틀어주곤 했다. 시원찮은 음향기기에서 나오는 음악이었지만, 둘째 녀석 "엄마, 난 이 부분이 너무 좋아요!"하던 기억이 난다. 늘 그냥 흘려들어 정확히 어느 부분인지는 알 수 없으나 아마도 방울방울 떨어지던 비가 바람도 없이 힘차게 뚝뚝 떨어지는 느낌의 저음부에서부터 무게감 있게 몰아쳐 오던 부분이었을 거다. 나도 그 부분을 좋아한다. 듣고 있노라면 가슴으로 비가 내리는 듯해서이다.

어린 날 번개는 무서웠지만 천둥소리는 좋아했다. 천둥치던 어느 날 옥상으로 올라가 하나님께서 만드신 완벽한 소리라며 혼자 감탄하며 하나님의 위대하심을 찬양하기도 했다.

온 세상을 가득 채우는 천둥소리는 아직도 좋다. 우리 집 막내 녀석, 겁쟁이라 천둥번개 치는 날을 너무

싫어해서 '이건 하나님이 만드신 소리 중 가장 멋진 소리'라고 내 어릴 적 감흥을 얘기해 줘도 전혀 공감하지 못해 아쉬웠다.

오늘처럼 비가 과하게 오지 않는 날은 키 작은 가로수들은 재미난 놀잇감이다. 적당히 비가 오다 그치면 작은 나무 잔가지 가지마다 송알송알 매달린 빗방울들이 반짝이며 숨어들어 있다. 오늘처럼 비가 내렸던 중학교 시절 하교 시간 친구들이 버스를 기다리며 나무 옆에 서 있는 틈을 타 나무를 향해 이단옆차기에 버금가는 발 차기를 하면 친구들은 비명 반 웃음 반의 소리를 내며 팔짝팔짝 뛰어다니곤 했지.

발 차기하는 모습을 오빠 친구에게 들켜 그날 저녁 오빠에게 잔소리를 듣기도... 교복 치마 차림으로 어디 발 차기냐고... 조신한 척은 혼자 다하던 난 아마도 내숭 9단이었던가 보다.

오후에 공원으로 산책 나갈 때까지 비가 조용히 내려줬으면 좋겠다.

2014.9.25

ㅇ

가을, 나무를 묵상하다

시월입니다.
씨실 날실 잘 짜여진
시간이 준 선물 같은 옷을 입고
나무는 더 아름다워지겠지요.

나무는 믿었나 봅니다.
바람에 맡기고
햇볕에 맡기고
느닷없는 천둥번개에게도
처연스레 눈을 감았던 모양입니다.

나무는
내려놓을 줄 알았나 봅니다.
달디단 열매면 어떠랴
맺지 못한 꼬투리 껴안고 있으면 어떠랴
그저 내 것이라 다독였던가 봅니다.

이제 무엇이랄 것도 없이
제 몸을 감싸 안고 볼을 부벼대는 시간이 오면
나무는 제 손을 떨궈
대지를 쓰다듬고
가슴 깊이 품었던 따스한 체온은

숲속 깊은 곳으로 흩뿌려 줄 것입니다.
다시 찾아올
여리디여린 생명이
길을 잃지 않도록 말이지요.

2014.10.1

"엄마 서울 안 가면 안 돼요?"

아침 식탁을 치우는데 뜬금없이 물어온다. 마음에 울컥 치밀어 오르는 것을 가만히 누르고 아이 눈을 응시하며 조금은 호들갑스레 말했다.

"2주도 금방 지났는데 또 쌩하고 지날 거야."

"... 길었거든요..."

우리 이쁜 막내가 다시 말을 잇는다.
그래서 말했다.

"아들, 가지 말라고 말해줘서 고마워. 아들이 잔소리 많은 엄마 귀찮아서 빨리 갔으면 좋겠다 했음 엄청 속상했을 텐데 다음 주엔 아들이 서울로 오는 걸로 하자."

혼자서도 서울 갈 수 있다고 큰소리치는 아들이 사랑스럽고도 측은하다.

아들아. 다시 돌아올 수 있는 길을 떠난다는 것이 얼마나 다행이고 축복인지 모른단다. 살면서 맞는 짧고 긴 떠남이 설레고 행복한 것은 보장받은 돌아올 시간과 머물 곳이 있기 때문이란다.

2014

사랑한다.
사랑한다.
사랑한다.

아주 많이.

2014.10.4

ㅇ

나는 너를 기적이라 부른다.

남과 다른 흐름의 시간을 살고 있다.
다른 이의 시간은 모데라토...
나의 시간은 비바체보다 빠르다.

그럼에도
몸에 밴 일상의 익숙함은
하루의 무게보다 가볍다.

지구에 존재하는
모든 존재의 시간은 유한하다.
내게 주어진 시간 또한 유한하다.

그저 바라만 본다.

내 볼을 스치는 바람 한 점
서쪽 하늘을 붉게 물들이는 태양
겨울 자리를 밀어내고
마른 가지에 물오른 목련

그저 깨달아 갈 뿐

2014

오늘의 태양이 어제의 그것이 아니고,
오늘의 바람이 어제의 그것이 아니고,
마른 가지 위의 생명이 어제의 그것이 아닌

나는 그저 어제의 그것이 아닌
지구로 새로 오는 그것을 위해
자리를 양보해야 하는
한낱
작은 숨결에 지나지 않는 것을

이제는
익숙함의 미련스럼이 아닌
깊숙한 처연함으로
프르스트로 달리는 나의 시간 위에
영혼을 얹어 보려 한다.

…
다시
봄이 오고 있다
…

2014.10.6

ㅇ

사진을 걸다

기억은 시간의 주름 사이사이
고랑을 내고
추억이란 이름의 씨앗을 뿌린다.

지나고 보니
그것이 아픔이었든 행복이었든
그리 중요하지 않더라.

씨앗들은
돌무지에서도 뿌리를 내리더라
비 한 방울 보태지 않아도 내리더라.

그러던 어느 날
깨닫지 못한 순간
꽃으로 피어서는

위안이 되고
즐거움이 되고
긴 이야기가 되어

2014

참 좋았더라 기억하는
또 다른 씨앗 하나
마음 밭에 뿌리고
사진 하나 걸어 본다.

2014.10.7

찬양은
내 형편과 기분에 합당하게 돌리는 영광이 아니다.
내 몸에 들어온 고통이 크고 깊을수록
크고 가치 있는 진주를 만들 수 있듯이
우리의 가슴 언어를 들으시는 하나님으로 인해
우리에게는 소망이 있다.

2014.10.9

ㅇ 2014

그리움1

바다가 그리운 하루였다.
오후 나절이 지날 무렵부터 비는 거둬지고
가을 나무 사이로
청량한 바람이 불어 나오고 있었다.
무엇이 바다를 생각나게 한 것인지 뚜렷하지 않다.
다만,
가을색 짙은 바람 속에서 바다 냄새가 났다.
광활한 바다 위의 파도처럼 너울대며
겨울로 가는 가을을
성급히 봐 버린 탓일까...
오늘처럼 낮게 내려앉은 구름 사이로
생각이 머무는 날에는
가을도 쉬어가는
그 바닷가에 서고 싶다.

2014.10.20

시련과 마주보기

환우A - 가끔 캔맥주를 사 들고 와서 마심. 매일 담배 피우러 옥상으로 올라감. 성격 좋은 사람처럼 아무에게나 농담을 던지고 세상에 걱정거리는 없는 양 호기가 대단함.

환우B - 얼굴에 근심의 그늘이 가시지 않음. 웃는 모습을 본 적이 없음. 할 것과 하지 말아야 할 것. 먹어야 할 것과 먹지 말아야 할 것 등. 나름의 규칙을 철저히 실천하고 있음. 그럼에도 표정은 언제나 안절부절과 걱정에 사로잡혀 있음.

환우 C - 자신의 질병에 대해 해박함. 그런 만큼 대처 능력도 뛰어나 보임. 이성적이고 현실적이며, 건강관리 플랜이 잘 짜여 있음. 성격도 밝고 긍정적인 마인드를 가졌음. 그러나 미래에 대한 불안함으로부터 자유롭지 못함.

매일매일 별일 없는, 다행스럽고 행복한 일상 속으로 느닷없이 찾아온 불청객을 향해 어서 오라고 반갑게 맞을 사람은 없을 것이다. 더구나 그것이 자신의 삶을 송두리째 흔들고 소중한 것들까지 빼앗아 가는 불청객이라면 두말할 것 없이 등을 돌리고 싶을 것이다. 그러나 초대받지 않은 그 불청객과 우리는 대면해야 한다. 죽을힘을 다해 밀어낸다고 해서 쉬이 돌아갈 손님이 아니기 때문이다. 3주가 넘는 시간을 함께 생활하며 환우들을 보니 마음이 너무 아프다.

육신을 고통 속으로 밀어 넣는 그 불청객에게 영혼까지 상처받고 있기 때문이다. 고통을 마주 보기란 쉬운 일은 아니다. 마주 보는 것이 두려워 포기를 선택하거나 그것에서 자유롭지 못해 자신을 옭아매거나 자신 있게 마주 보고 서서도 약점 잡힌 사람처럼 불안해하는 것이 어쩌면 너무나 인간적인 모습일 수 있다. 그러나 내 마음이 아프고 안타까운 것은 마주볼 수도 손님으로 맞을 수도 아니면 돌려보낼 수도 있는 방법이 있는데 그걸 깨닫지 못하기 때문이다.

걱정과 염려로 위축된 그녀들의 영혼이 '평안'을 맛볼 수 있다면 얼마나 좋을까! 세상에 존재하는 어떤 훌륭한 의사와 약도 해결할 수 없는 이 비밀한, 그러나 원하면 누구나 가질 수 있는 이것을 모두와 나눌 수 있으면 좋겠다.

하나님의 사랑과 평안이 이곳에 임재하시길...

2014.9.25

○

위로

오래된 나무처럼
곁에 머무는 당신은
우직이 나만 바라봅니다
당신의 그늘은 평안하고
속 깊은 나이테는
애틋한 사랑입니다

살랑이는 바람 같은 간지럼으로
섣부른 속삭임 따위
목숨이라도 내어줄 듯
절절한 고백 따위 하지 않지만
이제야 보입니다
내 아픔에 겨워 보지 못한
나 때문에 아픈 그가 보입니다

그의 눈 안에
웅크려 앉은 남자의 시린 등이
터질 듯 미어지는
심장을 부둥켜 안은 눈물이
정작
위로가 필요한 건 당신이었음을
이제야 깨닫습니다

2014

쏟아내고픈 눈물
말없이 받아줄 이가 필요한
당신을 안아봅니다
오늘만큼은 미안한 맘 내려놓고
휴식 같은 위로
가만히 내밀어 봅니다

2014.10.11

ㅇ

너를 민들레라고 부른다

안부를 물어봐 주겠어요?

볕들지 않던 모퉁이로 앉아
차갑고 어두운 그곳에
홀로 뿌리를 내리던 두려움에게
'안녕'이라고 아는 체해 주겠어요?

처음부터 희망을 내렸던 건 아니랍니다

심장을 뚫어내는 무모한 용기가
마침내 싹을 틔워 내기까지
홀로 흘린 눈물에게
'수고했어'라고 손 내밀어 주겠어요?

모퉁이를 돌아드는 바람은 매서웠지만
늘 세 뼘 너머에 있던
별살의 눈빛은 따뜻했답니다
닿을 수 없어 웅크려 앉았던 외로움에게
'그래도 다행이다'라고 토닥여 주겠어요?

그러던 어느 날
아니 '마침내'라고 하는 것이 맞겠습니다

2014

작고 가늘지만 곧았던 줄기 위로
꽃이 피어나고
가슴 에이던 시절이 위로받을 순간
아
민들레는 하얗게 성근 꽃잎이 가슴 아픕니다

여문 꽃잎 들추어
아프던 기억 따뜻이 다듬고
오래가는 추억 한 다발 매달아
민들레는
여행할 채비를 합니다

어디일지 모를 거기
나 닮은 홀씨 하나 바람이 실어 가는
그 기억 한 조각 마주하게 되면
살포시 입김 불어

안부 물어봐 주세요

2014.10.16

ㅇ

그리움2

바다가 생각난 이유를 알았다
그리움 때문이었다
괜찮다 괜찮다
가슴을 쓸어내려도
손가락 끝에 박힌 가시가 되어
시간 시간 차오르는 그리움 때문이었다
눈물이 난다
함께 부르던 노랫말이 아려오고
팔베개 하던 그 따뜻함이 시리도록 그리워
울음도 없이 흐르는 눈물을 멈출 수가 없다
이 비가 그치면 내 눈물도 그칠까
아 바람아 가을 나무만 흔들어대지 말고
나를 좀 어떻게 해다오
바다처럼 친절히 내 발을 적시고
내가 머물러야 할 거기로 갈 수 있게
길을 내어다오
몸서리치는 그리움이 아픔이 되어
생채기로 남지 않게
홀로 남겨진 바다에서
그리운 이름들을 아프게 불러야 하는
나를 위해

2014.10.21

ㅇ 2014

낙엽끼리

낙엽끼리 간다
위로할 자를 남기시는
신의 은총은
잿빛 그림자 위로
한줌 햇살
축복처럼 던지는데

끝내
떠나야 하는
먼 길 서러워
눈물도 말라버린 가슴
바스락이며 위로하다
아프게
부서지는

낙엽은
힘겨운 이마 위로
만연한 미소 안고
낙엽끼리 가고 있다

2014.10.28

○

기차역에서

그대 보내고 돌아서는 발등 위로
추억하나 돌부리처럼 걸려
잠시 마음이 멈춥니다

이때 즈음이었지요
세상 모든 가을이 수덕사로 모여든 듯
그해 수덕사의 가을은 아름다웠어요

가을도 그대도
그곳에 두고 온 듯하여
기차를 타고 돌아오는 내내
물드는 가을만큼 가슴이 쓰라렸답니다

낙엽 긁어모으듯
아린 손끝으로 그대를 떠올리면
그대는 차창 너머 배경이 되어
그립다 말하기도 무색하게
찰나의 시간으로 사라져 갔지요

2014

그대가 건넨 커피 한 잔이
그대의 체온을 가져와
내 앞에 앉았네요
이십여 년을 거슬러도 한결같은 따스함은
그날 그 기차역에
두고 온 줄 알았던 그리움, 가을,
그대 마음까지도 다 실어 보냈던
미처 깨닫지 못한
그대의 깊은 사랑이었습니다

2014.10.27

○

상념

견고한 콘크리트 벽에 실금 내고
은밀히 갉아낸 자리로
허락 없이 비집고 들어온 넌
내 아수라 한 머릿속 무법자

무례하게 밟고 지나간 발자국마다
메마른 사막이 자리하고
한 뼘 숨구멍조차
남기지 않는 무자비는
갈래갈래 흐트러진 심장의 꼬리를 잡고 만다

어둠에 잘라먹힌 몸뚱이 헛헛이 세우고
절망에 갇힌 창으로
손님처럼 찾아온 반달
모로 세운 잠자리에 지쳐 달아나는데

단전 아래 숨겨 둔 생명줄 하나
외마디 비명으로 창살에 걸어 보지만
빛을 잃은 별들만 무수히 떨어지고
도망하지 못한 나의 상흔들은
손톱 끝 생명 없는 굳은살로 굳어간다

2014

여명조차 얼굴 내밀지 못하는
등돌린 새벽 위에
켜켜이 쌓이는
생각의
부스럼들

ㅇ

기도

떠남이 그리 슬프지 않습니다
지난가을의 오랜 향취가 대지 위에서
반가이 저를 맞기 때문이지요
바스러짐도 그리 아프지 않습니다
수없이 부서져 갔을 낙엽 소리를
기껍게 안은 나목이 아파하지 않으니까요
두려움도 없답니다
그렇게 다정했던 바람도 햇살도
내 몸을 검게 태워 주검으로 몰아가지만
제겐
기도가 있으니까요
우주의 무엇에도 방해받지 않는
그분과 나만의 은밀한 속삭임
그 비밀한 이야기는
내가 숲으로 오기전
어느 언덕의 시간에서부터
내 영혼이 소생한 깊은 어둠까지
결코 짧지 않은 동행,
이제 그 길로 향하는 저의 발걸음은
행복한 눈물에 젖습니다

2014

시편 23편

여호와는 나의 목자시니 내게 부족함이 없으리로다. 그가 나를 푸른 풀밭에 누이시며 쉴 만한 물 가로 인도하시는도다. 내 영혼을 소생시키시고 자기 이름을 위하여 의의 길로 인도하시는도다. 내가 사망의 음침한 골짜기로 다닐지라도 해를 두려워하지 않을 것은 주께서 나와 함께 하심이라. 주의 지팡이와 막대기가 나를 안위하시나이다. 주께서 내 원수의 목전에서 내게 상을 차려 주시고 기름을 내 머리에 부으셨으니 내 잔이 넘치나이다. 내 평생에 선하심과 인자하심이 반드시 나를 따르리니 내가 여호와의 집에 영원히 살리로다.

2014.11.1

○

때

기억합니다
길어진 기도문
붉은 눈물에 지워지고
고단한 영혼
낙엽 되어 하늘로 오르던
그날을 기억합니다

그때에 물었지요
당신의 때는
어느 때인지…
닳은 연골의 고통이
무릎을 삭히고
곧추세운 등줄기 휘어지도록
비명 같은 노래로
당신을 부르던
그날을 기억합니다

그때에도 물었지요
당신의 때는
어느 때인지…

2014

나는 지금이라 하고
당신은 말이 없습니다

초록으로 숨 쉬던 모든 호흡이
영면하는 시간이 오면
비수 같은 겨울 햇살 안고
지금이 그때라
잔인한 메아리로 내게 왔던
당신을 기억합니다

돌아보면 하룻밤 꿈같은 시간이
계절의 등에 업혀
썰물처럼 밀려가네요
다시 당신에게 묻습니다
지금이 그때
당신의 때인지를

2014.11.5

그리움

딱 고만큼
갈 수 있는 만큼만 간다
서두르지도
어정거리지도 않고 간다
기억이 건너 가
머물러 있을 법한
그 자리로

가닿으면
한치 더 멀어진 자리에서
고만큼의 허물만
벗어 놓은 채
꼬리를 감추는 그리움

너로 인해 따뜻했던 가슴
행복에 젖었던 노래
퍼내도 퍼내도
멈추지 않던 사랑 다 내어주고
길 잃은 마음속엔
남 몰래 흐른
눈물만 고여 가네

2014.11.13

ㅇ

오전 11시

늦가을 햇살이
카페 마당을 가로질러
탁자를 가득 채운
혼자여서 좋은 시간
오전 11시

각 세운 그림자 물끄러미 응시하다
너 한 번 쳐다보고
소리없는 수다 한가득 쏟아 놓고
카페라떼 한 모금 마시기를
여러 차례

휘휘 저어내지 못한 생각속으로
상처받은 낙엽들 구겨 넣고
위로받지 못한 그 어느날을 재워 넣고
미안한 맘 숨겨 논
초콜릿 한 입술 첫눈마냥 머금으니

바람불던 가슴언저리
가쁘게 차오르던 한숨
가만히 만져주는 너

정오가 되기를 기다린 태양처럼
넉넉한 너그러움으로
나를 바라봐 주는 너에게
나는 사랑스러운 그대일까

너를 바라본 시간만큼
찻잔은 비워지고
내 마음엔
너의 시간으로 가득 찬
오후가 행복하게 웃고 있다

2014.11.14

○

행복레시피

아주 간단한 메모가 필요합니다
욕심으로 채워진 재료는
마음까지 무겁게 하니까요
그러나 알맞으리라 여겼던 장바구니는
언제나 어여쁘고 탐스런 것들을
넘치도록 담아 오지요
처음부터 그렇게 대단한 것을 원하진 않았어요
그저 소박한 식탁을 꿈꾸는 것이라
스스로를 다독였답니다

나의 조리대에 놓인
동그랗고 네모나고 향기 나는 것들을 향해
난 주문을 걸기 시작합니다
이 모든 것들이 세상에서 가장 맛난 것으로
다시 태어날 거라 나에게 마법을 거는 거지요

어떤 것은 말갛게 씻어내고
어떤 것은 처절하게 벗겨내고
또 어떤 것은 아프게 잘라내면서 나는 몰랐습니다
버려짐이 마땅한 것들은 없음을…
욕심껏 휘두른 칼끝은 잠시 숨겨두고
뜨겁고 강하고 흔들림 없는 의지를 앞세워

더 온전한 모습이 되리라
끓여내고 졸여내며 세상에 없는 나만의
조미를 하지만
언제나 그것이 문제였습니다

멈춰야 할 때를 놓쳐버린 순간!
세상에서 가장 따뜻한 한 술의 밥은
탐욕과 오만의 거름이 되고 말지요

다시 레시피를 살펴봅니다
놓쳐버린 궁극의 맛을 찾아
사랑이라는 천연조미료를
가슴 밑바닥에서 퍼내고
감사로 빚어진 작은 질그릇을 앞세워
일용할 양식의 의미를 담아냅니다
양 손 가득 움켜쥐었던 재료들을 덜어내고
정갈하게 다듬은 기도문으로
매일의 행복을 여는 레시피를
다시 만들어 봅니다

2014.11.18

ㅇ

불면

길 밝혀
내게로 안내할
한 줄 빛도 허락지 않는
하얀 어둠에 붙들려

오던 길 어디쯤에서 우두커니
한 발 내딛지 못하는 널
감은 눈으로 마중하다
길을 잃는다

유영하는 잔상
베개 아래 눌러두고
끝내지 못할 숨바꼭질
자청하지 않은 술래가 되어

그리운 얼굴 하나
붙들지 못한 채
새벽으로 가는
시간을 잃어버렸다

2014.11.20

가을비

흐르는 눈물
빗속에 묻고
벗은 발로 떠나시는
님의 발뒤꿈치
시리도록 하얗다

빗물에 씻은 단풍잎 엮어
꽃신 하나 지었더니
그마저 신지 못해
고이 품고 떠나신다

차마 배웅하지 못하여
빗속에 주저앉아
별 헤아리듯
빗방울만 헤아린다

2014.11.24

▨

서울을 오르내리는 발걸음이 자꾸 무거워진다. 꼭 서울과 울산을 연결하는 롤러코스터에 올라앉아 있는 듯하다.

어느 지점 어느 시간 즈음에 난 이 뫼비우스의 띠 같은 롤러코스터에서 내릴 수 있는 걸까?

나 혼자 맨발로 올라타서 발바닥이 헐고 피가 터지도록 달리고 있는 외롭고 지루한 전쟁터 한가운데 있다. 그래도 그 두려운 곳에서 추락하지 않는 것은 분명 그분의 은혜다.

더 바라면 안 되는 걸까?

가을이 은행잎이
지는 노을이
지나가는 아이의 해맑은 웃음이
손을 잡은 연인의 뒷모습이
문 열린 카페의 커피향이
볼에 부딪치는 찬바람이
평소 싫어하던 자동차 소리
인공의 가로등까지도
내게 의미를 던지고 있다.

2014

한순간 풍선처럼 부풀어진 심장이 터질 듯 뭉클하게 미어져오면 모든 시간이 멈춘다.

이대로 시간이 멈춰 줬으면 좋겠다.

주절주절 감정 따위 흘리고 다니지 않으려고 결개를 치고 문을 걸어 닫지만 오늘처럼 무너지는 날엔 다시 꽁꽁 묶어 가두는 데도 시간이 필요하다.

다시
눈물을 닦고
내 마음에 결개를 걸어둔다.

2014.11.26

ㅇ

강물이 가던 길을 쉬고 있다

거슬러 오르는 연어를 품었던 기억으로
무형의 언어를 쏟아내며
흐르는 물살

물살 아래 자맥질하는 물고기
새가 되는 꿈을 꾸듯
튀어오르다 떨어지고
튀어오르다 다시 떨어지는
안타까운 미완의 날갯짓

물고기의 말을 강물이 한다
노을 지던 어느 날에 홀려
생을 마감한 반짝이는 것들의
바람 같은 장송곡
맞을 준비가 되었냐고

여기 바람 옆에 앉으면 들린다
뿌리를 강으로 내린 절절한 소원
띠를 두르고 일어서고
천년을 흘러도 다함이 없는 굴곡진 허리 아래
꼼지락이며 자라고 있는 원초적 모반

2014

그것은
강바닥에서부터 켜켜이 쌓여 온
내일의 희망찬 꿈같은 것들의
소리 없는 비상
그래서 바위 하나 얹힌 가슴의
영혼들이 강가에 앉으면
가던 길 쉬어 가는 강물과 손을 잡는다

2014.12.2

ㅇ

시월애(愛)

분신 같은 시간을 밟고
너에게로 가는
이 길이 무척이나 아프다
아프다고 내지르는 비명을
들리지 않는다 외면하며
가벼이 가벼이 추락하는 것은
상처받은 어제인 줄 알았던
무수히 젖은 오늘이 누웠구나
아 시월아!
다시 너와 재회할 그날은
어둠 아래 놓인 햇볕보다 부질없다
하나 남김없이 사르고 가는
어둠에 감사하던 시절 어디쯤에서
길 잃고 울고 섰던 어린 날의 너에게
이제서 뜨거운 눈물 쏟아내
너의 길을 데운다
바람도 잠잠히
숨어가는 이 길에서
겹겹의 암호 방어벽으로 걸어둔
일기장 들추고
이야기마다 꼬리표 달아
먼 길 동무할 내 사랑을 각인한다

2014.11.29

12월

계절을 넘나들던
숫자에 떠밀려
하루 가고 한 달 가더니
아무 것도 잡지 못한
술래의 손을 하고
12월 앞에 섰다

해걸이하는 나무도
여느 해엔
가지 휘도록 열매 맺는 것이
자연의 이치라는데
굳어진 어깨엔
소산 없는 시름만 앉아
먹은 나이보다 무겁다

문지르면 일어나는 때처럼
아깝지 않게 내던져야 할
묵은 시간 갈피갈피 간주리고
선물 같은 목숨을 다듬는
12월이 있어
그래도 다행이다

2014.12.4

ㅇ

다시 온 아침

다시 아침이 허락되었다
바람보다 먼저 자리한
햇살에 이끌려 창으로 향한다
공평히 어둡던 밤은 거둬지고
머리칼을 간지럽히며 다시 온 오늘은
네모난 창 안으로 수채화처럼 놓였다
손 내밀면 닿을 거리에 박새 한 마리
흰 뺨 붉어지도록 요란스레
친구를 불러들이는데
창틀에 앉혀둔 마음 한자락
나지막이 노래 한 소절 읊조린다

이렇게 아침이 온다
밤새 뒤척이며 보듬어도
쉬 따뜻해지지 않던 몸은
한 줄 햇살에 녹아들고
은총으로 가득한 하루 앞에
감사의 무릎이 된다
어제 털어낸 각질의 무게만큼
생명으로 지금이 채워지고
난간 위 백화 등보다 질긴 고집으로
그분을 향해 나가는 기도의 시간

2014

다시 맞는 이 아침이
생의 정점이 되었으면
아니, 매 순간이
그렇게 되길 간절히 원하기에
경건하게 누운 산 등줄기로
기도문 안고 오른다

2014.12.8

○

서쪽으로 해는 떨어지고
밝음이 채 가시지 않은 하늘로
제 색깔을 찾으려는 어둠이
세상을 물들이기 시작하는 시간
가로등이 켜지기 전 이 시간엔
마음이 겸허해진다
이제 곧 밤이다
하루의 그림자를 거둬들이고
곤한 영혼의 방으로
달빛 차오르는 시간이 시작된다

2014.12.10

다시 어둠 앞에서

이제 곧 밤이다
채 가시지 않은 밝음 위로
제 색깔을 찾으려는 어둠이
세상을 물들이는 시간
매직아워

가로등이 켜지기 전 이 시간엔
마음이 겸허해진다
분주했던 하루의 그림자는
한 줄 유언 붉게 담아 봉인하고
산 아래로 깊이 눕는
해에게 부쳐 보낸다

시시각각 배경을 바꾸던
시간의 경계에서 길을 잃지 않도록
내내 귓속을 맴돌던 소리
그 이끌림으로
온전히 하루는 채워지고
곤한 영혼의 방으로
달빛 차오르는 지금
다시 마주할 내일을 기약한다

2014.12.13

○

'재클린의 눈물'- 오펜바흐

재클린,
달빛이 잔디를 밟고 지나는 이 밤
그대 영혼이 서성이는 창으로
겨울별이 흐른다
초대받지 못한 바람 소리를 내는
단조의 음률은
차가운 얼음조각이 되어 가슴에 놓이는데

오지 않을 아침은
그대의 하얀 침상에서
이별의 아픔으로 붉게 스러지고
선홍빛으로 빛나던 그대 입술은
파리한 두려움이 되어
죽음으로 가는 레퀴엠에 입 맞추는구나

아, 사랑
비문에도 새기지 못할 사랑은
그리움에 젖어 길을 잃고
끝내 놓지 못한 운명은
당겨진 현을 타고 내 심장으로 걸어 든다

2014

재클린 뒤프레,
두 볼을 흐르는 내 눈물로
그대의 머리를 감기고
송진으로 하얗게 옷 입은 활을 풀어
그대 머리를 장식하리라
눈 속에서도 시들지 않은 유월의 장미
그 향기로 꽃신 지어
그대 오는 길 위에 놓으니
오라
떨리는 몸 꼿꼿이 세우고
상기된 호흡으로 기다리는
그대의 첼로에게로

2014.12.20

○ 2014

주머니에 손을 넣어봅니다
미약한 온기가 손을 데웁니다
겨울나무가 품은 빨간 열매를 봅니다
마치 작은 난로를 품은 것처럼 따뜻합니다
나도 누군가에게
그대도 누군가에게
시려운 손 녹여주고
추운 마음 포근하게 안아주는
따뜻한 사람이기를 바라봅니다
대단한 무엇이 아니어도 괜찮겠지요
온 세상을 구원하신 위대한 사랑이
베들레헴 작은 고을
한 아기의 울음에서 시작된 것처럼 말입니다

2014.12.24

ㅇ

가라

가라
시간이 길을 내고
달려간
바람 사이로
낮은 휘파람 불며 가라
느리게 가야 한다
다시 살아올
무수한 기억은
발자국 아래 눌러두고
고운 결 지을
씨실 날실 품은
영혼만 안고 가라

너울대는 파도 같던
어제에서 걸어나와
홀로 가도 좋을
골목길을 가라
거기
어귀의 끝과 맞닿은
빛이 어둠을 물릴 때
한껏 숨 들이킨
생명을 담보하고

2014

새날을 향해 가라
내일은
움 트는 희망 하나
너를 향하고 있을 테니

2014.12.31

○

자리

너는 거기
손 내밀면 닿을
자리에 있어야 한다

낮게 숨 고르는
영혼의 동면
여기 이 자리
상처 아물리는 시간

너 없는
슬픈 때를 넘어
네게로 가야 하니
아무 것도 하지 말고
가만히 거기
그 자리에
있어 주기만 해

언 땅 들추어
지지 않는 꽃 한 송이
안고서 갈 테니

2014

2014.12.27

…
눈이 부시는 오월 아침
햇살에도 건조되지 않을 시린 생각이
가슴으로 든다
햇살이 무겁다
…

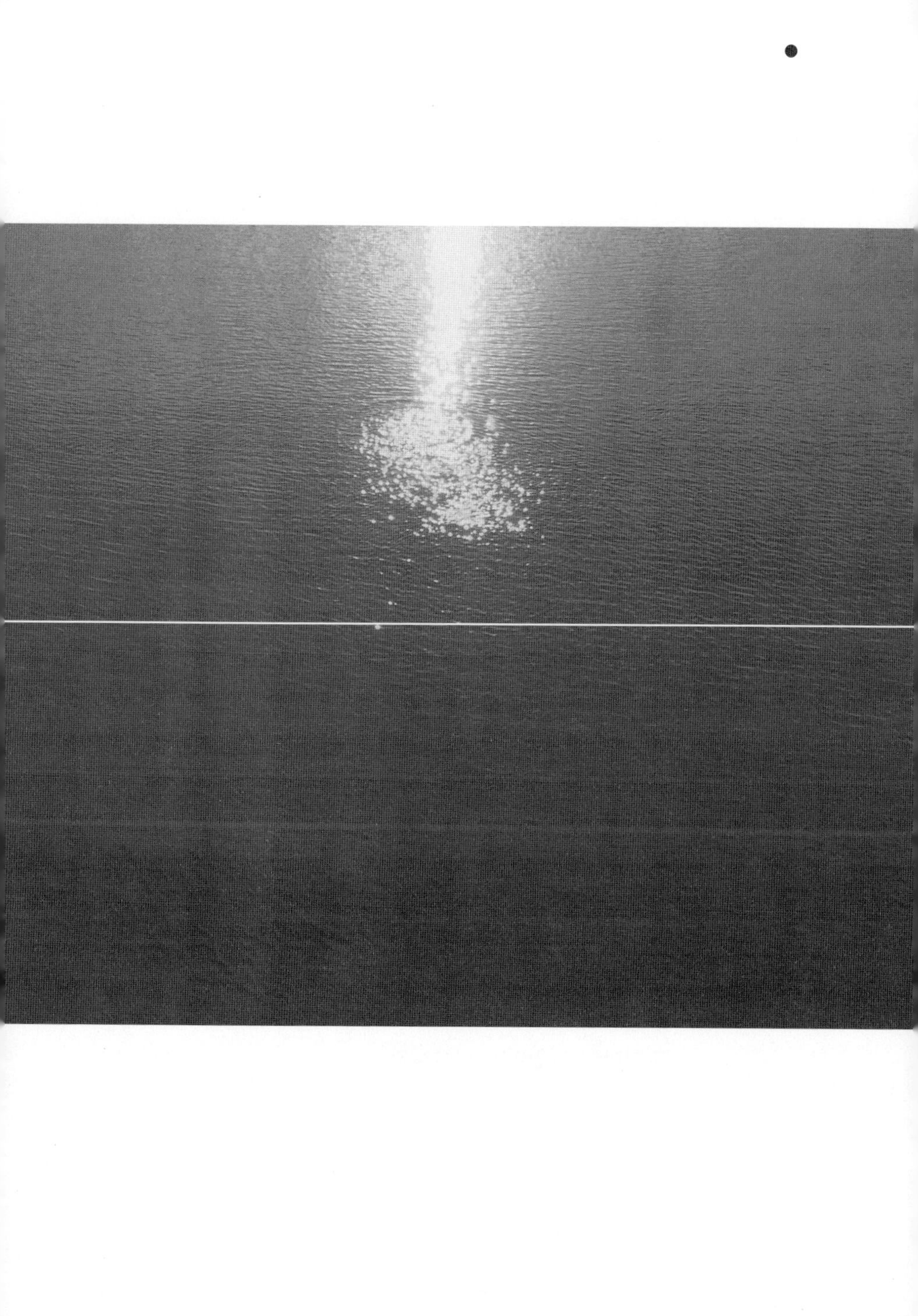

ㅇ

겨울, 그 남자의 집

오래도록 행복하고 싶습니다
겨울바람 쉬어가는 마루에 누워
그대 무릎에 머리를 놓입니다
당신의 고운 마음결이
햇살보다 빛이 나고
고단하던 하루는
가만히 창으로 듭니다

벽난로를 타고 오르는
하얀 연기 따라 놓인 사다리
별에 가서 달 이야기하고
달에 가서 해 이야기하는
재미진 밤은
오롯이 우리 몫이 됩니다

오래도록 사랑하고 싶습니다
낮은 산 아래
물안개 오르는 호수
노래 하나 길어 올리는 그의 무대에서
오늘도
그대만의 여인이고 싶습니다

2015

엄동에도 마른 가지에 싹 틔우는
내 남자의 집은
마당마저 따뜻합니다
가을 손잡은 겨울이
봄 마중하는
축복 가득한 이 남자의 집에서
오래도록 함께이기를 바라봅니다

2015.1.2

ㅇ

손톱을 잘라낸다
나 모르게 자라난
내 안의 나쁜 것들을
조금씩 잘라내
버릴 수 있으면 좋겠다
아주 천천히
갉아먹히고 있는
내 영혼의 안녕을 위해

2015.1.3

고백

그대를 향합니다
연약한 육신 붙들고
그대에게 가는 길로
바람이 불어옵니다
시려운 바람에
눈물 훔쳐내는
어느 사이
나보다 먼저 내 안으로 들어와
따뜻이 불 지피는 그대
그대가 있어
오늘이 살아집니다
그대 앞에 서기 부끄러워
등 돌려 기다리던 날에도
너는 내 것이라
심장을 두드리던 고백이
감사해
온전한 것 하나
내놓을 것이 없는 나는
다만
그대 사랑하는 일을 게을리하지 않으려 합니다

2015.1.5

ㅇ

괜찮아서가 아닙니다

괜찮아서가 아닙니다
그냥 참고 있는 거지요
눈물이 난다고 다 쏟아내 버리면
슬픔은 강물이 되어
나를 쓸어가고 말 테니까요
안녕하지 않습니다
통증의 무게만큼 소리를 지른다면
아마도 심장은 터지고
더는 숨 쉴 수 없게 될 걸 아니까요
그래서 웃습니다
그러면
슬프게 흐르던 마음 일으켜 세우는
하루가 반짝이는 얼굴로 마주 오고
비로소
소리 없이 일렁이는 감사가
목숨을 감싸지요
참 거짓말 같은 일이랍니다
어느 순간
여기 이 시간에 머물러
살아있음을 깨달으니 말이지요

2015

그래서
언 땅 아래 흐르는 봄물처럼
잠잠히 노래합니다
모든 것이 죽음을 흉내 내는
가면 무도회 같은 겨울이 가면
요단강을 건너지 않아도
이곳은
안녕한 안식처가 되니까요
알고 보면 무기력한
아픔이니 고통이니 하는 것들을
가만히 안아줍니다
그리고
생을 다하는 그날
분홍빛 웃음 옷 입혀
봄이 오는 길목에 묻고
위로의 비문을 세워
괜찮다 괜찮다 말해 주려 합니다

2015.1.8

○

겨울 꽃

얼어붙은 호수에
손톱자국 내고
기다리기를
하루
이틀
사흘
나흘... 빈 가슴 열고 누우니
하늘이 있었다

겨울에 붙들린 기억은
부조가 되어 떠오르는데
그리움으로 생채기 난 영혼은
꽃으로 피어
봄에 가 닿았다

아파서
아파서 영글어진 눈물
시려서
시려서 빛이 된
눈부신 결정

2015.1.13

겨울 산

마음에 이는 바람 한 자락
허리에 두른다
여름처럼 지리하던 시름
허옇게 뿌리내린 생채기 되어
환생을 꿈꾸는데

서리 내린 골짝골짝
숨이 멎는다
다시 꿈꿀 수 있다면
다시
초록에 목마른 산 노을 앞에
어엿이 설 수 있다면
지금 죽어도 좋을 것이다

차마 장사지내지 못한 영혼에
나무못을 박고
숨죽여 기다린다
영취산 붉은 울음
온 산 뒤덮는 미망의 계절을

2015.1.21

ㅇ

겨울 산행

긴 호흡
한 번
짧은 호흡
두 번

언 땅 위에 어제가 널브러져 있다
계절의 마디마디
뼛속 깊이 각인된 주술로
오그라드는 심장

던져 버린다
두려움 따위
표식 없는 길 위에 제사하고
오르니 생명이 보인다
차오르는 숨
헐떡이며 고개 떨군 자리에
뿌리를 아래로 한
나무가
살아있다

2015

살아있어 따뜻이
등을 다독이는
봄에게 안부하고
뿌리를 아래로 한
그 나무 아래
내일을 숨겨두고
숨을
다듬는다

2015.1.24

날마다 기적이다
까맣게 그을렸던 하루가 말간 얼굴을 하고
선물처럼 내 앞에 앉았다
흔들림 없는 순리 속에
매일의 눈 뜸이 기적이다
메마르고 강팍스런 나무의
껍질을 뚫고 나오는
여리고 부드러운 어린순들이 그렇다
깨닫지 못하는 사이
치열한 시간을 승리하고 오는
생명이 그렇다
시간을 거스르는 일 없이
시간 속에 삶을 저며넣는 기적 속에
나는 오늘도 살아낼 것이다
흔들림 없는 등대처럼 푯대가 되어주는
그를 바라보며...

2015.1.27

군고구마

고달팠던
하루의 무게만큼 열을 내며
황갈색 봉투를 적시던
고구마의 식은땀은
아버지의 거친 손으로 젖어들었다

비틀거리며 골목을 돌아서는
아버지의 오늘은
날것으로
민낯으로 채울 수 없어
처절하게 구워진 고구마 마냥
시커멓게 태워지고

기다림에 들뜬 대문 너머
어슴푸레 어려오는 웃음
귀를 에이면
노동에 꺾인 허리 곧추세워
달디단 향내 안고 오시는
아버지의 얼굴 뒤로
검붉은 노을이 지난다

2015.2.2

봄이 오는 소리

봄은 언제나
비발디와 함께 온다
결빙된 시간으로부터
떠나온 봄물이
아름드리 실개천으로 음표를 뿌리면
땅바닥 깊숙이 두드리며 오던
아지랑이 들에 뒹굴고
음악보다 조화롭게
움 틔우는 소리
간지러운 햇살 아래 노래가 되면
청초한 봄은
대지 위에 맨살로 누워
얼굴 붉힌다

2015.2.13

ㅇ

그 해 겨울

아버지의 다리는 떨리고 있었다
휘청거리며 굽어진 무릎이 닥닥 소리를 내고 있었다
짓무른 발가락에 안간힘을 다 몰아넣고
간신히 창가에 붙어 서 계셨다
채워진 곳보다 비워진 곳이 더 많았던
마치 수의 같던 환자복의
아무렇게나 구겨진 틈 사이로
무언가는 자꾸만 아버지의 몸을 떠나고 있었다

새끼발가락에 힘을 올리고 서 본다
채 절반도 들려지지 않던 무거운 눈꺼풀 너머로
아버지는 무엇을 그리 바라보고 계셨던 건지…
차갑고 시린 겨울 강에 몸을 맡긴 겨울새가
굳어진 날개를 다듬고 있다
푸드덕거리는 날갯짓에 아무 소리도 달지 않는
겨울새는 아주 가끔 짧은 비행을 한다
내 눈에는 죽어도 보이지 않을 좌표를 응시하는
새의 목줄기는 곧다

그해 겨울
아버지는 저 새가 날아오를 봄을 함께 기다리고
계셨던 걸까

2015

더 이상 바닥으로부터 지탱할 수 없던
아버지의 다리는
어느 날 날개가 돼버렸다
굳게 다물린 겨울새의 부리처럼
아버지의 입술은 다시 열리지 않았고
꿈꾸시던 비상보다 더 깊은 잠영으로
그예 반짝이며 얼어 있던 그 강을 홀로
건너시고 말았다

ㅇ

봄비 내리는 오후

봄비 내리는 오후에 혼자 젖고 있다
기다린 봄만큼의 비
남겨진 겨울만큼의 쓸쓸함
또 그 하루만큼의 커피를 껴안은
시간이 뒹군다

차라리 질척거리기라도 했다면
숨겨뒀던 햇살 한 줌 꺼내
버무려 보기라도 했을 텐데
안개 가득한 하루가 무겁다

봄비 소리는 새색시 버선발인 양
귀를 간지럽히고
암전된 무대에 혼자 남은 듯
닫혀진 몸을 작게 더 작게 구부려 보는데

차라리 달려나가
봄비 끝에 눕고 싶다
마른 껍질 속으로 아프게 새순 올리고
오롯이 서서 젖는 나무처럼
봄비 오는 오후를 혼자 젖고 있다

2015.2.21

ㅇ

2015

벚꽃 날아든 안으로
초록 결 일렁이자
태고의 자태를 한 고목의 헛기침
꽃비 내리고
곱디고운 정주의 손끝에서
피어나는 파란 포말
가슴골에 유월의 바람을 몰고 온다
청아한 어느 바람이
너만큼이야 하려나
들리지도
보이지도 않는 찰나
꽃이 되고
차향이 되고
정주의 애인이 된다

*부산 차밭골차축제를 다녀와서

2015.4.4

ㅇ

별처럼 봄이 오다

홀로 흐느끼던 날을 기억하세요
잎을 다 떨군 나뭇가지의 새파란 실핏줄을 데우려
오래도록 껴안고 지샜던
그 많았던 밤을 기억하세요
새벽이 올 때까지
몇 번의 상여가 나무를 돌고
몇 번의 심장이 나무 아래 묻히면
비로소 아침이 열립니다
눈물에 젖어 흐느적이던 기도는
어디쯤에 가 닿았을까요

어느 날의 오만과
어느 날의 그릇된 욕망이
얼키설키 뿌리내리던 겨울이 잠든 시간
그 즈음에 별이 눈을 뜹니다
뿌리에서 가지 끝
하루하루 꿈으로 자란 별이
가슴 가득히 쏟아져 내리는 지금
교회의 종탑처럼 봄이 말합니다

2015

숨겨둔 죄스런 시간도
구멍 몇 개 뚫린 지독한 아픔도
이제 잠잠하라고
구원 같은 꽃피움에 기껍게 황홀하라고
별처럼 종탑으로 오른
그대의 봄이 그렇게 말합니다

2015.2.25

○

봄비가
봄비스럽게 며칠을 연이어 내린다
이 비 그치면
벚나무 꽃잎들은
저수지를 연분홍빛으로 수놓겠지
가늠 못 할 처녀 아이 마냥
이래저래 봄바람에 물 헤엄하다
언제 간 줄도 모르게
인사 없이 냉정히 가 버리겠지
그러면 사월도 가고
저 잘난 장미 나 보란 듯 얼굴 내밀고
그렇게 오월이 오면
장미 향 아카시아 향에 취해
어느 꽃길 헤맬
바쁜 마음 걸음

이렇게 잠시 곁에 머물러
정신을 쏙 빼놓고 마는 봄 때문에 마음 어지러워
진한 커피 한 잔 처방하고
유유한 물 위로 꽃잎처럼 내려앉는
봄비를 바라본다

2015.4.6

2015

날이 흐려서인지 뒷자리에 놓인 상자에서 꽃내음이 진동한다. 운전하는 내내 기분이 좋다. 마당이 있는 조그만 집이 생긴 후 두 번째 맞는 봄이다. 작년 요맘때도 상자 가득 담아와서 마당 구석구석 뿌듯하고 행복한 호미질을 했던 기억이 있다.

그런데 그 이쁜 것들이 다 어디로 숨어버린 건지 복수초랑 노루오줌, 와인쥐눈이 그리고 이름을 까먹은 한두 가지를 빼고는 모두 사라져 버렸다. 겨울을 넘기느냐? 다년생이냐? 꼬박꼬박 물어보고 샀음에도 겨울을 넘기지 못한 꽃들이 제법 있었던 모양이다.

그 아이들이 사라진 자리도 메꿀 겸 더딘 봄을 눈으로라도 느끼고 싶어 오늘 또 두 상자 가득 욕심을 부려보았다. 목마 가렛, 돌단풍, 비비추, 개양귀비... 또 하나가 더 있는데 벌써 이름을 잊어먹었다.

박완서 선생님의 <호미>에 격하게 공감하며 열심히 호미질을 했던 작년 봄의 기억을 더듬어 내 이름을 새긴 호미랑 마당 구석구석 적어도 두어 계절은 함께 동거할 어여쁜 꽃들을 심어 볼란다. 손톱 밑이 새까매지고 장화 안으로 흙이 뛰어들어도 흙을 만지고 꽃을 심는 일은 다른 무엇에 비교할 수 없는 즐거움이 있다.

행복이다.

2015.4.8

서성거리던 영혼이
가만히 당신 앞에 앉습니다
내 육신의 고통 위에도
내 생의 노래 위에도
늘 임재하셨던 주님
채색된 은유를 버리고
정갈히 씻겨진 맑은 언어로 기도합니다
날마다 조금씩 자라
나 모르는 사이
심장을 찌르는 가시까지도
깊은 헤아림으로 만져 주시는 주님
어느 것 하나 은혜 아닌 것이 없는
당신의 사랑 안에 있기에
살아 숨 쉬는 나의 오늘이 기적이며
넘치는 축복임을 고백합니다

2015.4.12

2015

하나님의 섭리는
깊고 아름다우십니다
그저 끝이라 여겼던 어느 지점에서부터
그분은 계획하시고
준비하시며
헤아릴 수 없는 경이와 축복을 베푸십니다
나의 삶 또한 그렇게 만지심을 고백합니다

2015.4.15

ㅇ

개구리 때문이다
가뜩이나 밤잠 없는 심사를
와글와글 건드려 놓는다
안개 가득한 마당으로 비가 추적인다
아무래도 밤을 샐 모양이다
겨우내 이날만을 기다렸다는 듯
비 오는 봄밤을 즐기고 있다
캄캄해 볼 수는 없지만
틀림없이 한 치 남김없이
저수지를 가득 메우고 있을 거다
얼마나 할 얘기가 많을까
그 긴 겨울
잠이나 자고 온 건지
참으로 수다스럽다
가끔은 수다스럽고 싶다 저 개구리들마냥
저렇게 떠들고 나면 뭐가 남을까
때를 놓친 잠자리 물리고
개구리들에게나 가볼까 보다
개굴개굴 눈맞춤하면
나도 끼워줄지도 모르니

2015.4.20

조용히 안개를 물리고 있다
산마루 등을 타고 오른 아침이
길을 내고 있는 것이다
결코 소리치는 법이 없다
일시에 무너지는 도미노의 시작점 같은
긴장을 강요하지도 않는다
그것은 마치
몰아쉰 내 숨이 능선을 넘어오기를 기다리는
너그러운 인내처럼
평온하다
기다림이다
안개의 세포 하나하나
꼼지락이며 다시 태어나 회귀하기를 간구하는
봄날 아침의 기도이다

-안개 가득한 문원골의 아침

2015.4.21

ㅇ

오월입니다
몽글몽글 끓어오르는 초록물이
이 끝에서 저 끝
세상을 가득 채우고 있습니다
하얗기도 하고
붉기도 한
맛깔스런 시간의 애피타이저 앞에
만찬으로 빚어질 내일을 기대하는
오월의 하루가 행복입니다
눈 닿는 곳마다
연한 숨 보따리 풀어 놓은 오월
그대 가슴에 움 틔운 생명
그 고스란함이 기도입니다

2015.5.9

2015

태풍 노을이 우리 집 마당을 점령했다.
초저녁부터 전열을 갖추고 덤빈 노을에게
마당을 빼앗기고
우산도 펼쳐보지 못한 채 집안으로 쫓겨났다.
볼모로 잡힌 허리 낭창한 개양귀비와
붓꽃 영산홍 마가렛 그리고
막 얼굴 내밀려던 인동초까지
그 어여쁜 것들 때문에
마음은 자꾸만 마당을 서성이는데
노을의 거친 발걸음과 요란한 숨소리에 기가 죽어
그것들을 구하러 나설 엄두를 못 내겠다

다만,
달빛 사르고 별들을 유배한 것으로
노여움은 가만히 잔디 위에 내려놓기를

다만,
상처받지 않은 풀잎 위로 앉아
스스로 참담하다 하지 않을
맑은 아침을 맞게 되길 바랄 뿐.

2015.5.14

○

나무도 잠시 누워 쉬었으면 좋겠다
시간의 군살 불거진 자리 부르트도록
흔들리며 견디는
과묵한 잠언 같은 원시의 명예 던져버리고
누워 있는 나무를 보고 싶다
잔가지에 버성기는 새도 날아간
오늘같이 바람 부는 날에는

2015.5.14

가끔
아주 낯선 아침과 대면할까 두려울 때가 있다
집도 나무도 사람도 바람까지도 정지된 시간을
먼지처럼 혼자 떠도는...
내가 죽은 것인지
그것들이 숨을 멈춘 것인지
구별할 수 없는 그 아찔한 낯섦
조신의 꿈처럼
아름답다가
고통스럽다가
처절하다가
팔랑이는 나비의 날갯짓에 잠을 깨는
하룻밤의 꿈이라면
나는 어디쯤에서 잠을 깨야 할까...
내 생은 어디쯤에 와닿은 걸까
눈이 부시는 오월 아침
햇살에도 건조되지 않을 시린 생각이
가슴으로 든다
햇살이 무겁다

2015.5.26

나는 생각했다
희망이란 것은 본래
있다고도 할 수 없고
없다고도 할 수 없다
그것은 마치 땅 위의 길과 같은 것이다
본래 땅 위에는 길이 없었다
걸어가는 사람이 많아지면
그게 곧 길이 되는 것이다
- 루신

... 그렇다면 희망은
그대의 발자국
나의 발자국이 어우러지는 정점!

2015.6.5

ㅇ

덥다
유월이 팔월 흉내를 내고 있다
소나기라도 쏟아지면 좋겠다
그러면
나무처럼 서서 입 벌리고 비를 맞아야지!
볕이 따가와
흘긴 눈으로 쳐다보는 나와는 달리
벙글 대로 벙글어 예쁜 꽃들은
태양을 향해 꼿꼿이
얼굴을 들고 있구나

2015.6.10

ㅇ

순리를 거슬렀다
곁에 오래도록 두고 싶어
이파리 탱글탱글 물먹고 있던 꽃들을
곁가지 자르고 잎도 떼내고
거꾸로 매달아 바람만 먹여 말렸다
한동안은 곁에 둘 수 있어 좋았다
이 꽃들도 나와 같을까
더 숨 쉬지 않는
향기를 빼앗긴
무생물이 돼버린 지금
영혼 없는 껍데기 같던
나의 어느 시간과 닮아 있다

2015.6.15

ㅇ

2015

채 거둬들이지 못한 봄 자락이
여름의 뜨거움 앞에 민낯으로 버려졌다
돌덩이 열 개쯤 얹혀
데워지던 가슴에
차라리 기도 같은 탑 쌓여진다면
가만가만 걸어 올라
제물이 되어도 좋으리
까맣게 타들던 유월이
등을 돌려 섰는데
나는 가야지
콧노래 한 소절 가르쳐
소슬한 바람 데려오라
칠월에게 눈웃음 건네봐야지

2015.7.1

유월

바람 모아 쥔
스무 살의 풋풋한 살 냄새

네게 가는 길은 멀지 않다

두 개의 달과
빛나는 별이 내려앉은 언덕으로
누워본다 터질 듯 요동하는
가슴으로 차오른다
뜨거운 입맞춤
어느덧 네게 닿아 있는

숨 막히도록 푸른 손사래

2015.6.12

일주일의 절반은 시골집에서 지내고 있다. 얼마 안 되는 시골생활에서의 가장 큰 변화는 경계 없이 낯선 이를 집안에 들이는 일이다. 나로선 상상할 수 없었던 일이다. 아파트에선 입구에서부터 현관에 이르기까지 주의와 경계를 놓치지 않으려 얼마나 안간힘을 썼던가. 지금까지도 성인이 된 아이들에게 문단속과 택배까지 조심하라 당부를 하고 있는 나로선 실로 놀라운 변화이다.

오늘 오후에도 낯선 이의 방문이 있었다. 퇴임하신 모 고등학교 교장선생님 부부이셨다. 자그마한 집이 신기하셨던지 구경을 청하시는데 스스럼없이 허락하고서 마치 알고 지내던 이웃인 양 주거니 받거니 얘기꽃을 피우는 내가 낯설기까지 했다. 또 와도 되겠냐는 다소 황당한 부탁도 흔쾌했다.

뭘까? 무엇이 그 팽팽했던 경계의 끈을 이렇듯 허물어 버린 걸까? 가만 생각해 보니 답이 조금 보인다. 나무였다. 들꽃이고 산이고 물이었다. 자연 속에 있고픈 사람이어서 가능한 일이었던 것이다. 사람과 사람 사이의 또 다른 가능성을 본 하루였다.

적어도 내게는

2015.7.6

친구

물리적인 시간과 거리는 중요하지 않습니다
자신의 일상을 덜어내어
나의 시간 위에 얹어준 친구
참 감사하고 기껍습니다
굳이 지어낸 말로 채울 필요도 없었습니다
우리 사이에 놓인 바다와 차 한 잔으로도
우리가 나눌 것은 충분했으니까요
어수선하던 마음이 바다처럼 평온합니다
여름 한낮의 시간이
모처럼 따뜻합니다
마음을 들여다봐 주는 친구 덕분입니다

2015.7.15

ㅇ

무진의 안개가 이랬을까…
길을 잃을 것 같다
길을 잃어버리고 싶을 때가 있지
아주 가끔은.
함부로 용기 내지 못했던
선량한 일탈이라도 꿈꿔본다
슬며시 마음을 젖어들게 하는
안개 때문이다.

2015.7.20

ㅇ

2015

보이지 않을 땐
굳이 보려 애쓰지 말자
들리지 않을 땐
바람만 느낄 일이다
그것으로 족하다
경직된 성대에 갇힌
노래는 그냥 묻어두자
아주 천천히 거둬지는
안갯속에서 아침은 오고
스스로 모습을 드러내는
하루가 오롯이 앉았다

2015.7.26

ㅇ

깊게 팬 강물의 주름 사이사이
날숨 같은 물비린내
축축이 바람에 묻어온다
별 하나 없는 밤이 무겁다
아무리 용을 쓰고 불을 밝힌들
돌멩이 하나만큼의 어둠도
저 강물로부터
건져올릴 수 없다
밤마다 몸을 던져 투항하는
도시의 반짝이는 목숨들이
은빛 물비늘이 되는
길고 긴 시간의 터널을 걸어 들어
영혼의 척추를 곧추세워 본다

2015.8.26

ㅇ 2015

아프다
또르르
말아 쥔 상처의 무게로
추락하는 흔적
겹겹이 쌓인 기억의 갈피 속
해부할 수 없는 눈물
구르지 않고는 배겨날 수 없어

그래서
견딘다
떠나보내야 살아낼 수 있는
순리
한 번도 거슬러 보지 못한
미련 속으로
마침내
위로가 걸어든다
가을이다

2015.9.12

티팟 코지를 만들었다
이제 찬바람이 불면 찻물도 쉬 온기를 잃는다
코지를 씌워두면
겨울에도 차를 따뜻이 마시기에 좋다
한 코 한 코 뜨다 문득 드는 생각
'찬바람 부는 이 가을,
내 마음은 무엇으로 감싸줄까...'
자신을 위로하는 일에 인색했던 시간들에
반성 아닌 반성을 해본다
웬만큼 나이 든 지금까지도
가는 계절 오는 계절에 무심하지 못한
구멍 숭숭한 마음 메꿀
나를 위한 코지는 무엇으로 떠 보나...

2015.9.17

ㅇ

가을이다
가던 길을 멈추지도
돌아서 주지도 않는 것이 시간이지만
늘 그렇듯
친절히 같은 모습으로 계절을 내밀어 주니
시간 앞에 감사할 수밖에...
하늘은 높아지고
노을은 더 짙어져
낮은 이파리부터
천천하고도 곱게 세상을 물들이는
가을이다
만물이 행복할 시간...

2015.9.20

한동안 걸음 하지 못했던
시골 집엘 잠시 들렀다
주인 없던 집에
객이 주인이 되어 있다
블루베리 나무를 살피러 갔더니
화들짝 놀란 나만 무색하게
두 마리 어린 고양이가
아주 시크하게 쳐다보며
화분 안에 앉아 있다
내 집에 웬일이냐는 듯
반쯤 뜬 눈으로 흘긴다

헉
이렇게 간 큰 고양이는 처음이다

한편 건너 석류나무의
때늦은 열매가 나란하다
자매인지 형제인지 모를
생뚱맞은 고양이들도 나란하다

2015.9.22

ㅇ

'케냐'를 내렸습니다
한 이름을 잊고 싶지 않아서입니다
깊고 무겁게
오래도록 남는 케냐의 향처럼
쉬 보내고 싶지 않아서입니다

바다를 향하는 강을 거슬러 아침이 옵니다
밤으로 이르는 시간이 되도록
강물 가득
시시각각 자신을 투영하는 하늘과 강은
지구로부터의 길고 긴 공명 안에서
그대로 하나입니다

오래도록 생각날 것입니다
굳이 서로에게 무엇이 아닌들
세상의 그림자 한 조각이라도 보듬으려 했던
따뜻한 시선은
케냐처럼 오래 남을 것입니다

2015.10.6

ㅇ

충분하다
경이롭다
작고 보드란 꽃송이
발갛게 물든 여린 잎이
세상의 가을을 다 품어내고 있다
굳이 먼 길 떠나 맞이하지 않아도
가을은 벌써 지척에서 무르익고 있다

2015.10.18

ㅇ

2015

내내 추웠던 여름을 보내고 가을이다
이제서야 휴식의 의미를 알아서인가
노을이 따뜻하다
태양의 죽음에 기대어 몸을 데우는
낮달만큼 부끄럽게 내일을 기약하는
오늘이 강물 깊이 내려앉는다
혼자 물들지 않는 빛의 무리처럼
가을은
내 어두운 방과 회색 강물과
배고픈 길고양이의 눈물 속으로 젖어들어
붉고 붉은 언어로 태어난다
가을이어서 그렇다
가을이어서

2015.10.18

ㅇ

내 눈 속에
엎어진 눈물 바가지 하나 있나 보다
하얀 옷 입고 등 보이는 가시 하나
마음 밖으로 자꾸 걸어나온다
길 없는 길을
걷고 걷다 보면
아무러한 위로 하나 얻지 못한 채
상처투성이 발걸음만 거둬들이겠지
그렇게 또 하루가
우울의 파편에 찔려 울고 있다
가을이어서 그렇다
가을이어서

2015.10.21

ㅇ

2015

윤슬 가득한 바다
가을만 깊어가는 줄 알았는데
바다는 더 깊어지고 맑아져
반짝이며 일어서는 가을을 이야기하고 있다

2015.10.28

ㅇ

시간 앞에 주저하는 것은
인간이라는 피조물밖에 없는 듯하다
붉은 치마 둘러쓰고
심청이 마냥 시간 속으로 뛰어드는 가을 앞에
나는 초라하다
마음을 밟고 가는 가을에 붙들린 나를
조롱하듯 성큼성큼 걸어드는 시간 어디쯤에서
나는 볼모가 되었다

2015.11.9

ㅇ

2015

사는 일이
가을 같기를
붉어지고
바스락이며
한 생 어여삐 박제하는
가을 끝자락 뜨거움 같기를

부디 내 사는 일이
여지없이 잘 물들였더라 하는
이 가을만 같기를

2015.11.12

결혼 23주년,
참 많은 축복을 허락하신 하나님께 감사드린다.
내 삶을 통틀어 가장 기특한 일이
이 남자의 아내가 되고
어여쁜 세 아이의 엄마가 된 일이다.
남은 생의 시간들이
기쁨 기도 감사로 가득하기를
매일매일이 오늘만 같기를.
스무 세 개의 촛불에 기대어 빌어본다!

2015.11.21

2015

더는 채우지 말아야 한다
너무 가득하면 비우기가 쉽지 않을 것이다
멈춰야 할 때를 알아
제 몸 떨궈내는 나무에게 배울 일이다
너무 행복해서
너무 사랑스러워서
너무 애틋해서 잃을까 두려워지면
난 어쩜 영혼을 팔지도 모른다

아쉽기도 했던 1박의 즐거운 여행 끝에
고열과 몸살에 시달리고 있다
살아남으려 온몸의 백혈구들이 전쟁 중인가 보다
나무처럼 내 몸의 일부를 떨궈내고
내년을 또 기약할 수 있다면
기꺼이 떨궈내리라
따뜻한 가을 햇살 아래 몸을 누이고 싶다

2015.11.25

2016

…
닳지도
헤지지도 않는
바다에 가서
낡은 영혼을
꼬메고 왔다
…

ㅇ

언 땅속
여리고 강한 숨결
겨울의 등을 밀어낸다
또 한생
어여쁘게 살아내려면
화석처럼 굳어진 피부 벗겨내고
말간 영혼 앞세워 걸어가야지
돌보지 못한 시간
보듬지 못한 마음 다독여
얼어붙은 강을 건너야지
미끄러져 오는 봄 햇살에 기대어
꽃비 같은 비문 세우고
잊지 말아야지
한때는
나무였음을
꽃이었음을
가붓한 풀 향기였음을…

2016.1.21

ㅇ

2016

반갑고
기특하고
너무나 사랑스러운
다시
옴
다시
봄
다시
삶
다시
.
.
감사

2016.1.22

마을이 온통 눈 세상이 되었다
겨울을 아쉬움 없이 보낼 수 있겠다
하얗고 달콤하게 녹아들어
겨우내 굳은 땅속을 보드랍게 만져주길
봄 채비하는 뿌리들 깊숙이
처음 물이 되어주길-

2016.2.1

밤에 내리는 봄비

더 이상 땅을 밟지 못하는 사람은
그리움으로 내려앉고
살아낸 세월만큼 무뎌진
통속의 껍질 씻겨내는 봄밤
빗줄기 사이로
살아있는 숨들 젖은 몸 말린다

어둠이 깊을수록 선명해 오는
검은 빗소리 아래
꽃을 안고 투항하는
아름다운 시간의 귀환

아침이 이르면 봄만 남기고 넌
어디로 갈까

2016.3.4

ㅇ

봄을 기다리다 문득

차갑고 시린 시간이 길어지면
햇살이 절실하기보다
차라리 고통을 견디게 해 달라 기도한다
포근한 봄
눈부신 안락의 품에 안기는 것 또한
견뎌야 할 때를 이기고 돌아온 승자의 몫이기에

간절함이다
고통 또한 살아있음의
확증이어서 감사한 기다림이다
터질 듯 얼어붙은 심장이 멈추지 않게
기억조차 없는 태고의 열망
땅을 뚫고 오르던 의지
보듬고 엎드린다
낮게 엎드린다
기도한다
베일 듯 찬서리도 살아있으라 위로하는
지금이 지나면
얼어붙은 문 열고 걸어 나올

봄을 기다리다
문득,

2016

그리운 것이 봄이었던가
마음이 서리 속에 내려앉는다

영화를 보는 내내
열네 살 어린 여자아이를 만나고 돌아왔다
별 헤는 밤을 필사하며
가슴에 목련 꽃 같은 순수와
빛나는 사랑을 꿈꾸던 작은 여자아이.
서른까지만 살아야지
벅차고도 무거운 나이가 되도록 말고
아름답고 찬란한 나이까지만 살아야지
윤동주처럼-물론 시인은 더 이른 나이에 떠났지만
요즘 말로 동주 앓이를 하며
그런 터무니없는 생각에 골몰했었던 여자아이.
그 여자아이는 쉰을 넘겨
세월의 때가 묻은 부끄러운 영혼이 되어 있고
시인은 여전히
별처럼 빛나는 아름다운 영혼의 청년이다.
서글픈 눈물이 쏟아졌다
물끄러미 쳐다보는 아들의 얼굴이 맑았다

* 영화: 동주

2016.3.8

ㅇ

2016

간절기.
사람도
계절도
몸살을 앓고 있다.
회색 벽 속으로 숨어든 햇살
간지럽게 재잘거리는 한낮
분명
봄이
겨울 흉내를 내고 있다.

2016.3.12

ㅇ

시간은
빨리 흐른다
특히 행복한 시간은
아무도 붙잡을 새 없이
순식간에 지나간다.

- 박완서님의 '아주 오래된 농담' 중에서

2016.3.28

2016

잃어버렸던 아들의 지갑을 찾았다
경비실 관리실 다니던 길
기억을 더듬고 더듬어도 못 찾던 4일 만에
지갑이 돌아왔다

나는
내 지나온 시간 속 어느 즈음에
무엇을 흘리고 왔을까
분명 흘린 것은 있는데
그것이 무엇인지도 잘 모르겠다

돌아올까
잃은 그것이 무엇인지 알아내면

2016.3.29

ㅇ

2016

봄 시

읽으면
꽃이
걸어 나오고
바람이 길을 내는

시를
쓰고 싶다

햇살만큼 간결한 문장 하나
이마에 걸고
간지러운 풀밭에
맨발로
눕고 싶다

2016.3.30

오늘도 비가 내리고 있다
저수지도 벚나무도
여전히 커피가 필요한 내 마음도
마치 데자뷔처럼 놓였다
나는 몇 번의 봄을 만날 수 있을까
여기 봄비로 젖은 땅 위에서...
2016년 4월 6일
봄비가
봄비스럽게 며칠을 연이어 내린다
이 비 그치면
벚나무 꽃잎들은
저수지를 연분홍빛으로 수놓겠지
가늠 못 할 처녀 아이 마냥
이래저래 봄바람에 물 헤엄하다
언제 간 줄도 모르게
인사 없이 냉정히 가 버리겠지
그러면 사월도 가고
저 잘난 장미 나 보란 듯 얼굴 내밀고
그렇게 오월이 오면
장미향 아카시아 향에 취해
어느 꽃길 헤맬
바쁜 마음 걸음

2016

이렇게 잠시 곁에 머물러
정신을 쏙 빼놓고 마는 봄 때문에 마음 어지러워
진한 커피 한 잔 처방하고
유유한 물 위로 꽃잎처럼 내려앉는
봄비를 바라본다

2016.4.6

○

나무가 되어 봤으면

머리에 해 이고 한나절
어깨에 달 걸고 하룻밤
파릇한 행성에 발 묻고
빙글빙글 돌아봤으면

발가락 끝 물오르는
간지러운 소리
밤새 잠 뒤척이면
옆구리에서
톡 톡 새순 터지는 아침
햇살 한 바가지 선물하는
살아있는 가지였으면

부르지 않아도
달려와 손 내미는 달달한 바람
간들간들 부끄러운 춤사위
하루가 가도록 풀어 봤으면

땅에 몸 묻고도
다함없는 열망이 하늘로
하늘로만 뻗치는 나무였으면
넘어지고 싶고

2016

먼지처럼 날아가 버리고 싶을 때
파란 손 하늘에 묻은 나무였으면
나무가 되어 봤으면

2016.4.12

이웃댁에 봄마중 나들이 갔다가 발견한
하얗고 큰 얼굴을 한 아이를 만났다
'수선화'란다.
꼭 별 같기도 하고 함박웃는 함박꽃 같기도 한,
아직도 많은 꽃들이 생소한 내겐
넘 귀엽고 어여쁘게 보였다.
당장 분양해 달라, 입양 보내달라 졸라봤지만
소용이 없으시다.
꽃을 위해 내년을 기약해야 한다고.
그래서 내년에 꼭 다시 만나자고
이름을 지어주고 왔다.
'기쁨이', '기도군', '감사님'이라고
흡족해 한다 나도 저 아이들도
비록 데려오진 못했지만
내년에 다시 만날 생각에 웃음이 몽글몽글.
넘치는 기쁨-
진실된 기도-
완전한 감사-

2016.4.20

2016

절정이다
고르던 숨 터트리며
생명 있음을 만끽하고 있다
아름다움이다
숨 막히도록 아름다워 두려움이다
흐른다
햇볕 따라 바람 따라
길게 드리운
하루의 긴 그림자 따라 흘러갈 것이다
그리움이다
붙들 수 없어 아픈 그리움이다
어여쁜 꽃잎 필 때마다
보드란 꽃잎 아득히 질 때마다
그립다 그립다 봄날이여
서글픈 노래
씨앗으로 심겠지

2016.4.26

ㅇ

사이

꽃이 피고 지는 사이
계절이 오고 가는 사이에
비가 있다
덜 여문 줄기와 여린 잎을 재촉하는 비가
하루를 채우고
시간의 문을 건너야 할
젖은 발은
봄자리에 묻혀 있다

비밀스런 언약식을 치른 신부처럼
비를 앞세운 안개의 등에 업혀
봄은
소리도 없이 비를 긋다
스러져 간다 사이를 건너
머물 수 없는 땅으로

같은 이름으로 다시 올
너를 비껴 선 자리
내게 내어 준 사이 하나 붙들고
울어본다 봄비 오는 날

2016.5.10

2016

병원 나서는 일이 동네 슈퍼마켓 들르는 일보다 일상이 된 시간 동안 깨달은 소소한 것들.

* 주사바늘은 수백 번을 만나도 친해질 수 없는 병주고 약주는 얄미운 친구
* 목소리는 랄랄라인데 반짝이는 눈을 만나기 힘든 간호사 쌤들
* 일상과 사회와 구별된 커다란 공간. 해줄 게 없어 측은한 아픈 사람들, 일상에서 유배된 아픈 눈망울들
* 응급실로 내달리는 침상. 7개나 되는 바늘과 링거를 꽂고 수술실로 가는 이. 헝클어진 머리카락 사이로 풀린 동공을 내보이는 휠체어의 할머니. '그래도 나는...'이라고 이기적인 위로
* 특진료를 내지만 환자와 눈을 맞추기보다 컴퓨터 속의 데이터를 읽어내기 바쁜, 질문에 호의적이지 않은 담당 의료인. 이미 신뢰를 잃은 지 오래
* 기다림, 인내하지 않으면 진료를 포기해야 한다. 용감하고 무식하게 그냥 집에 가버린 일도 있다.
* 병원은 점점 멋져지고 의료진의 이력은 더 화려해지는데 고쳐지지 않는 환자는 넘쳐나고 넘쳐나고...
* 그래도 다행인 것은 가끔 만나는 이쁜 눈빛의 간호사 선생님. 농담 한 마디 던질 줄 아는 머리 희끗하신 노신사 의사 선생님. 생사의 틈바구니를 튼실히 메꾸고 서 있는 병원 복도의 건강한 나무 나무 나무들.

난 오늘도 먹으면 건강해지는 특별한 빵 하나를 주사에 담아 살짝 아프게 먹고 커피 한 잔으로 세상에 없는 위로를 하며 병원 회전문을 나선다.

2016.5.13

ㅇ

잠 못드는 밤에

한계를 넘어서게 하며
절망마저 감사에 이르게 하는
가장 조용하고
가장 강력한 도구이자
그분께 이르는 유일한 길
기도

2016.5.22

불면

검은 바람이 걸어 나온다
눈 감고 머리 감싸 쥐고
무릎을 이마까지 올려 붙여 보아도
바람은 휘어진 등골에서부터
웅웅웅 스스스 불어나와
미치광이처럼 구르고 날뛰다
방을 점령해 버린다

눈물 비린내 가득한 바람의 발자국마다
정령 되어 일어나는 어제와 어제
그 너머의 숱한 시간들이 성근 꽃이 된다
다시 돌이킬 수 없는 사막의 시간이 될
지금을 위로하며
꼭 그렇게 하얀 인사를 한다

거친 호흡 속
잔 숨 가지마저 꺾어 간 바람의 진앙지
구멍 숭숭한 영혼을 위해

2016.5.24

ㅇ

내 나이 세어 무엇하리
나는 오월 속에 있다

연한 녹색은 나날이 번져가고 있다
어느덧 짙어지고 말 것이다
머문 듯 가는 것이 세월인 것을

유월이 되면 원숙한 여인같이
녹음이 우거지리라

그리고 태양은 정열을 퍼붓기 시작할 것이다
밝고 맑고 순결한 오월은 지금 가고 있다

-피천득 '오월'

내 생의 오월은 어느 즈음이었을까
치열했던 청춘의 때에는
겨울나고 봄 드는 꽃샘추위 같이 시려웠고
지나고 보니 오월이었던 어느 시절은
오월인 줄도 모른 채 보내 버렸다
해마다 오지 않은 오월은 없었다
맞이하지 못한 오월이 있었을 뿐

쉰을 넘긴 나이가 되고 보니
이제서야 나의 오월이 내게로 들어온다

2016

'머문 듯 가는 세월' 속에
뜨겁지도 시리지도 않은 지금이 내게는 오월이다
비록 '밝고 맑고 순결'하진 않아도
나의 오월은 평온하고 따습다
아 '내 나이 세어 무엇하리 나는 오월 속에' 있으니

2016.5.27

손가락, 손바닥이 미처 준비하지 못한 손수건 노릇을 하게 하며 본 영화. 존엄사 문제로 화제가 됐던 책이 영화로 만들어졌단다.

미 비포 유

너를 만나기 전의 나. 여러 관전 포인트들이 있었지만 내게 다가온 것은 전신마비의 남자 주인공을 옥죄어 오는 '무기력' 아무 것도 할 수 없는 고통이었다.

결국 존엄사를 선택, 스위스로 떠나 삶을 정리하는 그는 사랑 앞에서도 단호했다. 모든 평범과 일상이 무너진, 고통과 참혹한 무기력만이 남은 삶에 대해서도 '그럼에도 불구하고'와 '감사'를 말할 수 있을까?

과연 나는...

'얼마나 아파야 죽을까' 독백하셨다는
돌아가신 아버지 생각이 든다.

2016.6.16

ㅇ 2016

나비 진혼 - 꽃 위에 장사되다.

나비가 죽었다

죽어서도 꽃밭이길 기도했을까
향기 잃은 꽃에 앉아
죽음 따위
아무러하지 않은 듯 고고하다

어떤 마음 품어
이리 정갈한 주검으로 남았나

분명
꽃보다 고운 숨소리
명주보다 윤나는 날개로
노을처럼 붉은 하루 살았을

너의 날들을 돌이켜 본다
푸른 숲 바람
반짝이는 강물
어느 길 어귀 들꽃 내음까지
고스란한데

숨 거두는 순간마저 날개 접지 않은
뜨겁고 고요했을 영혼 위에

2016.6.22

○

기억에 대하여

척추를 곧추세워 걸음을 시작한 때를
기억하지 못한다
그리 영민하지 않은 머리임에도
입을 열어 사람의 말을 익힌 때를
기억하지 못한다
쉴 새 없이 회전하며 우주의 질서 속에 순응하는
지구에 발을 딛고
오늘도 살아 있는 목숨임을 잊고 산다
영혼의 가지에 구원이 열매 맺던
그 처음을 기억하지 못한다
온전히 한 바퀴를 돌아 하루를 채우는
시곗바늘 끝에 달려
절로 옹글어지던 시간의 마디들
지나고 보니 허술하고 어설픈 미완의 삶
그때는 몰랐다
회한이 기억을 채울 줄

한때는 그랬지
하얀 발뒤꿈치 눈이 부시게 투명하고
윤기나는 뺨 위로 반짝이던 눈동자
나뭇가지처럼 뻗어가던 유연한 감각들

2016

그러나 지금
무엇으로부터도 아닌
감금된 기억
작은 손바닥 안에 움켜쥔 에고
나로부터 자유하는 것마저 벅찬
이 견고한 오래됨
왜곡된 완고
굳어진 오감
나는 이제 무엇으로 남은 기억을 만들어야 하나

2016.6.24

ㅇ

물새의 긴 부리에 달린 아침이
물그림자 그리며 천천하게 열리고
강물보다 깊은 커피에서 건져 올린
나의 아침은 아직 무겁다
…
시럽이 필요한 하루

2016.7.20

○ 2016

노을은 그렇게 지더라
지켜야 할 것을 고이 품고 달려와
소명을 다한 목숨 같은
붉은 자리
기꺼운 울음

2016.8.5

부고를 받았다. 사십여 년을 산 것으로 세상을 버린 그녀에겐 이제 중학교 1학년이 된 아이와 한 살 많은 딸아이가 있다. 물론 성실하고 자상한, 평소 자랑스러워했던 4급 공무원인 남편도.

부고를 읽던 순간 그녀의 얼굴보다 먼저 어린아이들의 얼굴이 떠올라 가슴이 미어져 왔다. 내 마음도 이렇게 아픈데 어떻게 숨을 놓았을까. 차마 그녀와 아이들을 보러 갈 용기가 나질 않는다.

그녀를 가족들에게서 데려간 것은 삼 년여 동안 그녀를 괴롭힌 유방암이었다. 남편과 함께 전국을 다니며 자연치유와 식이에 충실했고 생활관리도 철저했기에 그녀의 죽음이 더 충격으로 다가온다.

이젠 고통 따위 없는 세상에서 그 비통하고 애끓는 마음 내려놓기를, 눈물로 지은 고운 신 신고 뒤돌아보지 않기를 나는 기도할 뿐.

이전이나 지금이나 아무러한 것도 할 수가 없다. 때맞춰 핀 하얀 도라지 꽃이 더는 웃지 않는다. 소리 없이 하늘거리며 슬퍼할 뿐.

2016

·
·
·

종을 울려 주세요
그녀가 길을 잃지 않도록
그녀가 뒤돌아보지 않게
거부할 수 없는 천상의 소리로
별을 엮어 다리를 놓아 주세요
둥지를 잃은 어린 아들과 딸의 애달픈 눈물
길을 삼아 떠나는
그녀의 눈 막고 귀 막아
부디 길 잃지 않도록
하늘의 종을 울려 주세요

부디 봄볕 같은 따스함으로 보듬어 주세요
하늘에 계신 아버지여

2016.8.13

ㅇ

호수에 가을이 내려앉았다
바람에 온기가 실려온다
가을이 이렇게 따숩고 평온했던가
길도 없는 하늘에 유유한 구름이 발 앞에 있다
노을이 보고 싶다
기꺼이 함께 물들어
어느 해보다 깊고 붉은 가을이 되고 싶다

-가을이 드는 보문호에서

2016.10.2

2016

어제는 별스레 붉은 노을이 지고 있었다
태풍 차바 이후
태화강물은 아직도 제 빛을 찾지 못해
황톳물 빛으로 흐르고 있는데
하늘은 가을을 어찌 못해 눈부시게 푸르다가
더 발갛게 지고 있었다
슬그머니 어깨를 툭 치는 저녁 바람 한 점에
마음이 걸어들었다
가을 속으로
오늘은 나를 행복하게 하는 오직 나만을 위한
소박한 사치 하나 부려보고 싶다.

*살면서 가끔은 나를 위해
소박한 사치를 허락하세요
.
.
소박한 사치는 삶을 여유롭고
부드럽게 하는 윤활유와 같으니까요
-혜민스님

2016.10.12

ㅇ

산다는 것은
무언가를 떠나보내는 일이라고 하더라
어느 해 겨울
어느 해 봄
짧게 길게
깊게 얕게
내 생에 관여했던 많은 일들과 인연들
그리고 어제와
그리고 지금도
여전히 떠나보내는 일이 익숙지 않은 채
다시 가을을 맞고 있다
다만,
함께 떠나야 하는 시간이 온다면
돌아선 나의 등이 따뜻하기를
저물지 않는 햇살이 가을에 기대는
이 아침이 영원하기를 바라본다

2016.10.18

ㅇ

2016

가을은 꼭 너른들이나
높은 산으로만 오는 것은 아니더라
한 뼘도 안 되는 가슴에 바람 골을 만들고
누군가 쓰다 버린 낡은 낱말 하나가
눈시울을 붉게 하는
가을은
누렇게 질린 강아지풀에 앉은
고추잠자리의 휴식 같은
마른 길가 들꽃의
소리 없는 웃음 같은
위로이더라
여름 내내 마침표를 찾지 못한
내 어리석은 문장의 답이더라 가을은
그렇게 내게로 와서
먼 당신에게로 가는
편안한 길이더라

2016.10.24

○

닳지도
헤지지도 않는
바다에 가서
낡은 영혼을
꼬메고 왔다

2016.11.15

ㅇ

2016

참 신기한 일이다
바라보는 것으로 위로가 되고
마음이 조용해지는
참 따뜻한 가을 나뭇잎…

사람이 그립다
찢겨진 상처도
벌레 먹힌 아픔도
붉게 물들인 기억의 흔적들까지
가만히 보듬는
따뜻한 가을 나뭇잎 같은
사람이 있었으면 좋겠다

2016.11.16

"이게 말이 돼? 우리가 삼십 대다. 이게 말이 되냐고? 얼마 전에 십 대였는데!"

울산행 KTX 막차다. 절로 웃음이 지어지는 뒷자리에 앉은 두 여자아이들의 대화다. 앳돼 보이는 얼굴이던데 30대인가 보다. 몸도 마음도 힘든 지금 묘한 공명을 일으키는 대화다. 이게 말이 되냐고 나도 넋두리를 늘어놓고 싶어진다.

이게 말이 돼? 어여쁘던 20대가 어제 같은데 쉰을 넘기고 있다니 이게 말이 되냐고?

이게 말이 돼? 잘 빚어 놓은 그릇 같던 몸이 얼굴엔 깨점에 기미, 구석구석이 나간 사발처럼 미워지고 허술해지니 이게 말이 되냐고?

이게 말이 돼? 꿈같은 건 꺼내서 다듬어 볼 겨를 없이 살다 이제 나를 좀 들여다보려니 남은 겨를이 얼마 없다 이게 말이 되냐고?

이게 말이 돼? 8년이나 내 몸속에서 노숙을 거두지 않는 불청객이 승리의 깃발을 꽂으려 드는데 아무 것도 할 게 없다는 이게 말이 되냐고?

2016

뒷좌석 손님의 수다가 끊이지 않는다.

살아가는 일은 누구에게나 어떤 형태로나 녹녹치 않음에 틀림없다. 닭의 목을 비틀어도 새벽은 오고 신은 죽었다고 외치는 순간에도 신을 인정하는 것처럼 '이게 말이 돼?' 안에 웅크린 '그럼에도 불구하고!'를 본다. 아니 보려고 애쓴다.

2016.12.3

…
분명 살아있는데
살고 있는 것 같지 않은 오늘이지만
더는 버려지는 오늘이 아니기를
가슴을 열고 크게 호흡해 본다.
…

봄이 오는 오후

창가
햇살 아래서 눈을 감으면
사루비아가 보인다
겨우내 얼어 있던 무릎을 물들이는
새빨간 햇살 조각들이
사루비아 꽃처럼 내려앉는
천진한 오후
굳이 눈을 뜨지 않아도
사르락이며 불을 지피는
봄이 보인다
모락모락 아지랑이 오르는 등줄기 따라
이름 모를 풀꽃 피어나는
봄날 오후
한여름 사루비아 마냥
내 마음은 불타고 있다

2017.2.7

처음 얼마 동안은
세상의 모든 시계가 멈추었다 느꼈었다.

그러나 지금
멈춘 것은 나의 시계뿐

겨울은 봄이 되었고
찬란하던 봄 벚꽃도 연두잎으로 변신 중이다.

도로 위의 사람들은 여전하게 내달리고
밤은 낮에게 낮은 밤에게
달은 해에게로 해는 달에게로
주거니 받거니 하루를 만들어내는데

정지된 화면 같은 나의 하루들만
매일 버려져 의미와 기대의 무덤인
쓰레기통에 가득하다.

울컥, 목 울대를 치고 올라오는 눈물이
차라리 반갑다
씻긴 눈으로 보이는 풍경이
어제와는 달라 보이니...

2017

분명 살아있는데
살고 있는 것 같지 않은 오늘이지만
더는 버려지는 오늘이 아니기를
가슴을 열고 크게 호흡해 본다.

거실 한편
딸아이 손에 들려온 노란 봄이
고개를 끄덕이고 있다.
똑딱똑딱 심장 속의 시계를 찾아내라고

봄은 여름에게로 달려가고 있으니...

2017.4.14

ㅇ

우린 왜 더 일찍 서로를 바라보지 못했을까요
우린 왜 더 많이 서로를 알아가지 못했을까요
우린 왜 더 많은 따뜻한 말들을 나누지 못했을까요

서로를 사랑하는 일에 서툴렀던 시간들이
이제는
아쉬움과 후회로 남았네요

꽃이 필 때만이라도
나뭇잎 떨어지는 그 순간만이라도
하얗게 내리는 눈발이 새벽을 깨우던
짧은 순간만이라도

그대와 그대와 그대의
손을 잡을 수 있었다면

잡은 그 손이 따뜻하다 고백할 수 있었다면
우린 더 사랑할 수 있었을 것을

지는 해를 따라 낮달이 붉어지고 있습니다
비워져 가는 하루는
내일이 있어 기꺼이 밤에 이르고
달은 내일에 이르는 안내자가 됩니다

2017

시간이 없군요
깊은 공명 없이 그대를 떠나보내는 달이
눈물을 머금었습니다

더 사랑해야 했습니다
더 오래 바라보아야 했습니다
더 따뜻한 말 한마디
그대 가슴에 묻어두어야 했습니다

그대와 그대와 그대를
아주 오래도록 사랑할 것이라고

2017.6.21

맺음시

엄마가 가루가 되었다.
세상에 어떤 빛난 가루들보다도
더 빛나는 가루로

사람들의 가슴속에
찬란하게 남았다.

'어쩜 얘는 이러니'라며
장난치는 나를 지긋이 바라보던 당신의 눈,
연하게 미소 띤 입, 나와 닮은 코.

그 모두 이제 볼 수도
만질 수도 없지만
당신이 남겨주신
사랑과 사람과 글.

그것들과
당신의 힘찼던 노래처럼
당신의 청아했던 노래처럼
당신의 간절했던 노래처럼
살아가길.

그곳에선 튼튼한 두 다리로 뛰어다니길
양손으로 피아노 치며, 깊은 숨으로 찬양하길
인상 찌푸릴 일 없이 12살처럼
해맑게 짓궂게 명랑하게
…

온전히 깨끗한 영혼만 남아
하나님과 함께 아름답게
살아가길.

2017년 7월 17일 / 둘째 딸 김채진

그대와

그대와

그대를。

발행일 2018년 7월 9일

지은이 노영애
엮은이 김채진
펴낸이 이재욱
펴낸곳 새로운사람들
마케팅관리 김종림

주소 서울 도봉구 덕릉로 54가길25
전화 02)2337-3301,2237-3316
팩스 02)2237-3389
이메일 ssbooks@chol.com
홈페이지 http://www.ssbooks.biz

ISBN 978-89-8120-560-7(03810)

*책값은 뒤표지에 씌어 있습니다.